춤추는 수레

춤추는 수레

2013 느티나무시 제10집

권현옥 김이숙 김주애 김춘자 김현이 박순덕 이미령 이순영 황구하

詩와에세이

2013

차례__

황구하

권현옥

산수유

남을 기다리게 해서는 못쓴다
내가 먼저 가서 기다려야지

울 아버지 성미 닮았나
아버지 따라간 약수터
아직 남은 추위에 눈도 뜨지 못한
거뭇한 나무들 사이
외롭게 불 밝히는 노란 봄이 있었다

육 남매에게 봄을 주기 위해
팔십 평생 얼마나 숨 가쁘게 걸어왔을까

봄은 아직 산 아래 있건만
먼저 올라와 우리를 기다려주는
아버지 마음 같은 꽃
샛노랗게 피었다

말방간

드륵 드르륵 거친 숨소리
골목 어귀 말방간 연자매 돌아간다

방틀에 갇힌 몸
후리채 달고 아무리 발버둥쳐도
제자리 빙빙 원을 그리며
하얀 가루 토해낸다

열아홉에 시집온 울 할매
아들 더 못 낳아 안방 빼앗겼다

하나뿐인 아들에 매여 동동거리고
아침저녁 드나든 말방간 내 집 삼아
낳지 않은 자식까지 키워내느라
가슴에 돌이 박혔다

아파트에 둘러싸여
눈길 닿지 않는 말방간

아직도 떠나지 못한 채
군데군데 저승꽃 피고
한 귀퉁이 떨어져 나간 연자매
저무는 가을볕에 몸을 부빈다

논산훈련소

천오백 명 얼떨떨한 행렬
웅성거리는 먼지 속

옹알이하던 입으로 엄마, 첫말하며
엎어질 듯 뒤뚱 걸음마 떼던
네가 저기 있다

눈썹 부어올라
찌그러진 눈으로 환하게 웃던
네가 저기 있다

자전거와 함께 날아간 몸뚱이
바스라진 빗장뼈로 생사를 넘나들던
네가 저기 있다

너를 낳은 파르스름한 민머리 아들들
각진 오른팔로 충성을 외치는 목소리
아직도 내 귀에 쩡쩡,

터지지 못하고 가라앉은 눈물 속에
바르작거리다 배앓이를 했다

거미줄

나, 알겠어? 정말 오랜만이야

스마트폰 카스에 올린 내 사진에
낯선 이름이 묻는다

갑자기 텅 빈 머리
깊숙이 넣어둔 앨범을 꺼낸다

스마트폰에 있는 40대 중년 여인
앨범에 있는 단발머리 소녀
번갈아 바라본다

끊어져버린 기억이 술술 풀려나온다

부속품만 가득 찬 기계 안에
수많은 손들이 세상을 향하여
조심조심 사다리를 놓는다

날마다 거미줄이 커진다

안녕하세요

옆집 여자 앞만 보고 걷는다
인사를 해야 하나
뒤따라가며 눈치를 본다

엘리베이터 안
여자의 뒤통수에서 틈을 찾던 내 눈은
어깨에도 앉아보고
등도 두드려보지만
돌아보지 않는다

층간 소음으로 인한 다툼이
살인으로 번졌다던 얼마 전 뉴스
말은 없어지고 소리만 가득한 이웃들

4층입니다,
기계음에 서둘러 내려
나란히 섰다
어깨를 마주대고 겨우 건넨 말

안녕하세요?

가을볕에 쪼이다

에그 어쩌다 이리 되었어?
아리지 않어? 따갑지 않어?
농사짓는 사람 다 그렇지 뭐

청도에서 시집온 지 이십여 년
멀쩡한 곳 하나 없는 손
슬그머니 감춘다

감나무 오르내리고
감 타래에 묶이고
결 고운 살점은 옹이가 져서
시커멓게 물든 손마디 쉴 날이 없다

여자의 손끝에
주렁주렁 매달린 알몸의 감들
붉다, 눈이 시리다

시

호도독 호도독 떨어지는 빗방울에
풀썩 먼지 인다
쩍쩍 갈라지는 입술에
새로운 씨앗 감히 품어 보았더니
가뭄에 단비는 아니더라도
호미자락만큼도 내리지 않는다
가장자리 맴돌다
겨우 떨어지는 먼지잼에
마음속 먼지 뒤엉키어
속만 태우더니
차창에 얼룩무늬만 그렸다

빈집 느티나무

발소리 들린다

문소리 들린다

신발 벗는 소리 들린다

가만가만 다가오는 인기척

휙 고개 돌려 담 너머 바라보면

텅 빈 마당

웅크린 어둠이 나를 노려보고 있다

김이숙

보름달

흡혈귀 되고 싶었지

젖빛 나는 너의 목에

송곳니 깊이 박고 싶었지

그래 온몸 차갑게 얼어붙어도

그게 너였으면 하고 바랐지

내가 너이기를 원했지

너에게는 그러고 싶어서

그래도 좋을 것 같아서

그늘이 자란다

어머니 대문 앞에 느티나무 심었다

쑤안 삼거리 어미목에게서
젓가락보다 가냘픈 어린 것 데려와
거름 줘 물 줘 눈길 줘 키웠다

이제 제법 자란 느티나무
어려도 제 품 내어줄 줄 알아
해마다 그늘 넓혀간다

풍 맞아 거동 불편한 구례 아지매
일자리 없어 갈 곳 없는 만항 아재
새벽운동 다니는 애뚱 할매
동네 사람 하나 둘씩 불러들인다
사방 곧게 뻗은 가지 사이사이 잎들
촘촘하다
봄부터 세 든 참새떼 호로록 호로록
조잘조잘거린다

사는 일 헛헛해서
느티나무 보러 다닌다 끼웃거리자
어머니, 저게 느티나무다 하신다

어머니 그늘 아래 그늘이 자란다

지기지우(知己之友)

—나무

생각해보니 오래되었다

까마득한 길 거슬러 채 기억나지 않는 곳에도 너는 있다

바가지 머리 쪼그리고 앉아 명태 한 마리 손에 들고 말똥거릴 때 쥐불놀이하듯 신발주머니 돌려대다 야심히 야단들을 때 머루 다래 따러갔다 바위틈에 빠져 꼼짝달싹 못 할 때도 참꽃 따 먹으며 돌아다니다 문둥이는 정말 아이 잡아먹을까 무서웠을 때 물탱크 까마득한 어둠 속으로 곤두박질칠 것 같아 두려울 때도 너는 있었다

지금은 4월,
몸뚱이만큼 자라지 못한 마음이
종잡을 수 없이 휩쓸리는 뜬풀 같을 때도
너는 있다

불쑥불쑥 고개 내밀어 웃어주는

너로 인해 꽃이 핀다

네가 있어 재를 넘는다

나각산

팔각정 긴 의자에 누워 하늘 바라본다

잠자리 팔랑팔랑 날아다닌다

아랫마을 뉘 집 개 짖는 소리 달려온다

굴착기소리 선명히 박힌다

그래도 익어가는 벼 감싸 안고 아픈 강이 흐른다

까치떼 이리저리 호들갑스럽다

참새 울음소리 우련 짙다

나도 덩더꿍 너도 덩더꿍 생각 않고

다만 편안하다

맨드라미

아흔을 넘긴 지 여러 해, 툭툭 불거진 푸른 핏줄이 웃는다 소싯적 보얀 살결 가뭇없이 얇아진 살가죽 위로 거뭇거뭇 저승꽃 덩달아 웃는다

꽃가마 그때는 탄 사람도 있고 못 탄 사람도 있어 날총각이래도 얼른얼른 시집보낸다고 그땐 그랬어 덜컥 말머리아이 생겼는데 뭘 먹고 살아 두부 만드는 데는 내가 제일이여 그거 만들어 이고 안 가본 동리가 없어 왜 착한 건 콩쥐고 못된 건 팥쥐냐고 콩은 집기도 좋고 맛도 좋잖어 두부도 만들고 메주도 쑤고 팥은 농사짓기도 힘들어 그래 그런 거여

양로원 앞마당 총각 바람 불어 햇살 함빡 입에 물고 붉디붉은 선홍빛 예쁜 꽃 피었는데 샐죽 꽃받침 열어 윤채 도는 검은 씨앗 톡톡 떨구는데 마음꽃은 사뭇 붉어 아련한 꽃 시절 담고 짓무른 눈이 웃는다 꽃들이 모두 따라 웃는다

뿌리

어둠 속 또 하나의 태양을 향해
잘리지 않은 꿈이 뻗어나간다

은자골 가는 길
줄남생이 따르듯 서 있는 은행나무
저마다 옹이구멍 여럿
상처로 달고 있다

변덕스런 바람에
도리 없이 휘청거려도
버릴 수 없는 간절한 꿈

매몰차게 팔이 잘리고
지상의 몸에 상처 늘어갈수록
소리 없는 절규는
아래로 아래로 깊어진다
악착스럽게 흙덩이 움켜쥐고 몸 비튼다

포기할 수 없다는 듯
죽어도 쓰러지지 않겠다는 듯

어둠마저도 삼켜버리고 뻗어나간다

행복슈퍼

낭창낭창 살랑이는 바람 같던 스물셋, 선 봐서 만난 슈퍼 총각 좋아 슈퍼 안으로 들어갔어 그녀는 이제 슈퍼 아줌마 그녀를 데려가던 날도 슈퍼 문 열었던 아저씨 당최 문 닫는 일 없어 비 오고 눈 와도 명절에도 아이 둘 낳을 때도 그런 일은 없어 아줌마는 아파트와 슈퍼 사이만 왔다갔다 시부모 수발들고 참새처럼 드나드는 시누 가족 밥해주고 아들딸 키우느라 슈퍼 통로만 오락가락 미치게 바람 불어도 네모진 카운터 앞에 전화기만 붙들고 앉아있어

놀러 좀 와

이름을 걸다

언제부터인지 이름을 건 간판들이 늘고 있다

정항우 케이크, 김정문 알로에, 조춘식 동태탕, 전영희 퀼트, 김선영 무용학원, 서준열 영어교실, 김은정 바이올린, 최복호 패션, 김정희 미용실, 안선미스럽게 프로젝트…

이름 불러주는 사람 없어
누군가의 아빠 엄마 남편과 아내로
개미 쳇바퀴 돌듯 사는
이름이 낯선 사람들의
소리 없는 시위

피켓이 늘고 있다

김주애

원을 그리다

오백 년 살아온 느티나무
한 번도 허튼소리 않는다

작년 가지가 꺾일 듯 몰아치는 바람도 한 점
벼락 친 날 온몸으로 불을 받아내던 그날도 한 점
몇십 년 만에 찾아온 추위 견디지 못하고
죽은 가지 하나 내친 날도 한 점
점 점 점들 차곡차곡 쌓아서 선을 만든다
일 년을 동그랗게 오백 년
묵은 이야기는 훌훌
속 다 비우고 허허대사같이
떡 버티고 있다

빈집

온통 퍼어런 풀들만 넘쳐

문이 열리지 않던 그 집

보라색 제비꽃 하나 세를 든다

아무도 보는 이 없어

밤낮 꽃잎을 열었다 닫았다

할딱거리며

씨앗을 품어가는 모양에

담장에 매달려있던 녹슨 대문

밤이 너무 환하여

그만 기우뚱 넘어간다

겨울 홍시 하나

죽었나 싶어 올려다본 감나무 꼭대기
쭈글쭈글 말라가는 열매 하나
달려있다
아니다, 나무가 매달려있다

온 겨울 빨간 속살 같은 꿈에 취해
죽은 듯 겨울을 나는 나무
단내 나는 꿈은
가끔 찾아드는 까치도 쪼아먹지 않았다

알뜰히 단물 쥐어짜 먹이고
홍시 하나,
헐렁한 젖가슴으로 달려있다가
툭 치고 지나가는 바람에
자리를 내어준다

세상에서 가장 큰 삼각형

긴 골목을 두고
삼각형처럼 꼭짓점을 마주 보고 사는 할매 셋
일찍이 남편을 보내고 서로 축을 이루고 산다
해도 지지 않은 골목에 가로등 미리 불을 밝히고
단출한 저녁식사
집에 불을 켜지도 않고
절뚝절뚝 민철이네 집을 나선다
하룻밤 딸네 갔다 온다더니 왜 이틀이나 자고 와여
나무라듯 뱉는 소리에 금순네
막걸리 한 병을 들고 나간다
기울이는 술 냄새에 순호네 뒷짐을 지고 온다
긴 하루 맛 좋은 안주가 되고
발그레 기울어가는 그림자
슬며시 합을 맞춘다

이따 배추밭에 약 좀 치세

목공소 이야기

사람 손으로 하는 것이 똑같은 것이 있나
나뭇결 따라 순리대로 켜야지

골목 안에 자리 잡은 목공소
언제부터인가 대패 켜는 소리 죽었다
누구도 흉내 낼 수 없던 목공술
문짝에는 구멍이 숭숭
나무를 먹고사는 버러지만 산다
평생 기술 하나면 밥 빌어먹을 일 없다더니
세상은 순리대로 흘러가지 않는다
정직하게 살아온 나무가 거짓말을 한다
길 건너 우레 같은 소리로
나무를 켜는 가구공장
정답은 모두 그곳에 있었다

뿌옇게 톱밥이 들러붙은 창 너머
켜다 만 목수의 삶이 방치된 채
멈춰 있다

틀에 박힌 문짝이 즐비한 거리
누구 하나 눈여겨 보는 이가 없다

쓴맛

삼거리 횡단보도
민들레 가득 싣고
백발이 성성한 노인 길을 건넌다
살아온 날이 고단하여
바지는 발목을 다 덮지도 못하고
풀물 짓이겨진 고통스런 무릎
민들레 향이 난다
몇만 번 고통을 참아야 저런 향이 날까
새삼 그 독한 맛이 몸에 좋다니
너도나도 고통의 맛에 중독이다
애써 노동을 하지 않아도
주문배달 되는 고통의 맛 한 봉지
엑기스만 뽑은 것을
날로 먹으려니
쓰기만 하다

시래깃국

아버지 마지막 엮어놓은 시래기 다발을 풀어 국을 끓였다
뿌옇게 안경알에 서리는 김을 후 후 불며
뜨거운 국물을 삼킨다
어릴 적 냄새만 맡아도 고개를 돌리던
평생 좋아할 리 없다고 장담하던 그 맛
아버지 냄새가 난다
구수하게 잘 익은 말 같고
걸쭉하게 묻어나는 마음 같은
내가 몰랐던 그 시절 아버지 같아
후루룩 한 그릇 밥을 말아먹고
두둑해진 배를 두드린다
거 봐라
건너편 바삭하게 말라버린 아버지
자꾸만
참견이시다

진달래 장의사

영월 읍내 공영주차장 맞은편
그곳에 있었다
회색 콘크리트 외벽에서
막 분홍색 꽃이 무더기로 피어날 듯한 간판을 단
진달래 장의사, 웃음이 난다
고 여린 꽃잎 같은 죽음이라니
오물오물 씹어 먹으면 시큼털털한 맛을 가진 죽음이라니
어느 곳에도 음침함이나 두려움은
들어설 곳도 없는 이름
연분홍 꽃잎을 날리며 가는 그곳에
어느 누가 열반에 들지 못하겠는가
한낮 영월 읍내 먹을 것 찾아 빙빙 돌다
팡 터진 꽃무더기 구경하고 온다

김춘자

곡우

늙은 애미는 입덧하는 딸년
명태처럼 말라가는 걸 보고
한밤 자고 갈 걸 뭣 하러 왔냐며
속을 태운다

복사꽃이 피어 벌들이 왕왕해야 하는데
종일토록 눈발 내려 꽃 속에 냉기만 갇힌다

아랫목 찾아드는 딸년 이불 덮어주고
복사꽃에게도 덮어주고 싶어
늙은 애미는 자꾸만 밖으로 시선 돌린다

개 찼습니다

낯가림도 하지 않고 졸졸 따라 예쁘다 쓰다듬어주다가
시도때도없이 기어오르면 슬쩍 발길질을 했습니다

온 동네 암캐가 있는 곳 줄줄이 새끼 쳐놓아
목살이 매어놓으란 소란에 그만 개 찼습니다

어쩌다 나무 아래 목줄 매여 꼼짝 못하는 날이면
죽는다고 고함이고 밤까지 괴성 질러 잠옷 바람으로
개 찼습니다

'개 삽니다' 가 왔는데도
눈치도 없이 기어오르다 따라갔는가
며칠이 지나도 우리집 똥개 소식이 깜깜입니다

"개 찾습니다" 전단지 붙여놓으려는데
"개 찼습니다" 가 맞다며 울 아들 떼를 씁니다

목련

늦은 저녁이면 골목 어귀까지 마중 오시던 할매

꽃잎 같은 기억 한잎 두잎 떨어진 줄 모르고
털신 벗어놓고 홑치마 입고 마중 오신다

일찍이
골목 어귀에 서서 벙개 벙개 웃는다

의성 가는 길

여자들 셋, 새벽길 마다않고 서둘러 나선 길
안개 자욱해 한 치 앞도 보이지 않는다

엉금엉금 운전대를 끌고 의성 간다

궁둥이짝 어긋나도록 밤을 낮 삼아
식당일에 살림까지 하루도 쉬지 못한 여자
과수원 사과상자 들고 만지다 다친 허리
통증에 시달리다 밤을 하얗게 지새운 여자
한쪽 다리 질질 끌며 안 해본 농사 없는 여자

소문에 소문을 듣고 의성 간다

마른 지네 갈아먹고 골담초도 삶아 먹고
박쥐처럼 매달려도 보고
긴 세월 허리 병과 싸웠는데

뼈를 풀어 허리를 곧추세울까

어긋난 다리부터 먼저 맞출까

여문 손끝에 허리 병 고친 이 많다고
낙엽 떨구듯 통증 뚝 떨구어내고픈 여자들 셋
차안에서 소문 꽃피우는 사이

저만치 의성 가는 표지판 보인다

백로

호미자루 처마 밑에 뒹굴고

콩밭 개구리 높이 뛰니 물살 오른 꽃뱀도 스윽

슬그머니 돌아본 들녘
대추알 조잘조잘 영글고
땡감은 탱탱해진다

나락 논에 내려앉은 햇살 눈부시게 징하다

깻잎 장아찌

땡볕이 논바닥까지 달구던 날도
어머닌 들깨밭에서 호미질이다
어머니 다녀간 밭 자리 호미 자국들 까만 눈 뜨고
들깨밭은 북적북적 잠을 깼다

또옥 또옥 땀방울 같은 소리 들으며 들깻잎 따다
겹겹이 포개어 장마다 양념 칠하고
밥숟가락 위에 올리고 나니

차마 다 읽을 수 없는 호미 자국들 싸하게 보인다

느티나무

그늘 맛이 좋은 한낮
몸빼 입은 아낙들 장화 벗은 아재들 낮잠도 마다하고
느티나무 아래 평상으로 모인다
송지댁은 콩꽃이 져서 섬이 내렸는데 비 없다 걱정이고
소은 아지매 들깨모종 모자란다 아쉬운 소문 터주면
두래 어른 길가 밭에 남은 모종 뽑아가라 선심 쓴다
참깨농사가 잘 되었다니 깨 값 내리겠다
복숭 값 좋다니 올 가을 묘목 시세 오르겠다
어른들은 점치듯 값을 내다보고
이웃 동네 농일 원정 갔던 아낙들 입담
포도송이같이 불어나 남정네들 클클 웃는다
그날이 그날이 아닌 이야기들 오소소 털고
이글거리던 해 서산으로 기울라 치면
농사거리 젤로 많은 거창댁부터 하나 둘씩 평상 떠난다

푸른 그늘로 소리 다 품었던 느티나무
텅 빈 평상과 할 말이 많아 사방이 고요하다

낙동강 민물횟집

봄비 내리는 풍물거리
오십을 훌쩍 넘긴 농군들, 민물회 한 접시 소주잔 앞에 두고
언 땅 봄비 녹이듯 목을 축인다
복숭 묘목 심을지 사과를 심을지
도무지 앞이 보이지 않는 농작물에 목청 높아간다
어린 과실주 인제 심어 언제 열매 볼지
손가락 접어가며 미래를 셈하는 동안
봄비 그칠 줄을 모른다
복숭아냐 사과냐 기상이변까지 목청껏 셈을 마친 농군들
금방 지워질 그림 한 장 그려놓고 자리를 뜰 참인데

비린 살점에 맑은 소주 하루를 잡는다

김현이

길 위에 눕다
춤추는 수레
동짓달 차고 긴 밤
부자 부자(夫子 富者)
여행
참이슬
게 섰거라

길 위에 눕다

슬픔 몇 무더기 길 위에 눕는다
박스떼기 속 웅크린 몸
작고 작아져 딱 한 줌이다
너무 쓰라려 서로 부비지 못한 상처들은
외따로 냉기를 보듬는다

다시 섞이지 못할까 두렵다가도
아니
다시는 섞이지 않을 것처럼 세상 등지고 모로 누워
빈 내장의 아우성을 달랜다

이젠 어쩔 수 없다고
다 포기한 지금이 편하다고
죽어도 좋다고 억지 부리는데
잔인한 희망이 자꾸 쏘삭거린다
곧 봄이라고

춤추는 수레

지는 해 등대 삼아
두둥실 수레 떠간다
제 할 일 다 한 것들 가득 싣고
고물상 향해 간다

하루벌이 몇천 원

막걸리 한 병이면 족하고
몸뚱이 하나 누울 데 있어
더 바랄 게 없는 할매

아비 사랑에 재롱으로 답하고
첫밤 지낸 신랑 앞에 수줍던 적 언제였나

가난은 불평할 새 주지 않고
그저 고단한 하루의 연명만을 허락했지만

그 세월 다 용서하고 할매가 춤춘다

만선의 깃발 꽂고 수레가 춤춘다

동짓달 차고 긴 밤

부음이다
이 매서운 날 또 어느 생이…

팔십 노인의 죽음
남의 눈으로야 그리 애달픈 수는 아니건만
자식들의 곡은 섧다

일찍이 청상이 된 넷째딸은
아비의 죽음에 제 설움을 얹는다

동짓달 차고 긴 밤
넷째딸의 곡이 길다

부자 부자(夫子 富者)

구십 아버지
—차다 단디 입고 가래이
하신다
칠십 아들
—예 아부지
한다

—차조심허고
—예 아부지

—저물지 마래이
—예 아부지

빨랫줄 참새들
귀가 즐겁다

여행

겨울 한낮
유리창을 지나 집안으로 들어선 나른한 햇살
나를 환각으로 안내한다

느림이나 게으름 따윌 용납지 않는 세상살이
허둥대는 마음에
보드란 날개를 단다

엄마 찾아가 밥 한술 얻어먹고
단발머리 적 친구도 만나고
훠이훠이 날아
일곱 살 나도 만나고

띵동
아!
달다

엎디었던 자리 침이 흥건하다

참이슬

마법에 든다

목젖까지 차오르는 것

한 무더기 쏟아내고

한 마리 새가 된다

게 섰거라

한껏 치장하고 왔는데
자리가 편치않은 게냐

눈치 없이 눙치고 있다
오월이에게 쫓길성싶은 게냐

그것도 아님
시절이 하 수상하니
서둘러 가려는 게냐

그 긴 엄동설한을
오직 네 생각으로 견뎠거늘
무에 그리 바쁘단 말이냐

춘심(春心)아! 제발 게 섰거라

박순덕

말복

앵두나무 밑
저절로 나 저절로 자란 호박 한 덩이
이젠 잎마저 말라버려
삐들빼들 물기 하나 없다

니도 이 더위에 고상 많았제
내도 팔십 년 넘게 묵어도 올게처럼 덥기는 처음이라
그래도 우짜겠노
질긴 기 목숨이니
자, 어서 목 축이고 한 고비 넘기보재이

어머니
목욕탕 의자 내어주고
냉수 한 사발 공손히 받든다

처마

남산에 다녀오다 소나기 만났다
눈도 제대로 뜰 수 없는 국지성 호우
아무리 찾아도 비 피할 만한 처마 하나 없다
요즘 집이란 네모지고 까칠하기만 해
한 점의 헛 공간도 허락지 않는다

밀이나 콩 말릴 멍석 놓여있거나
겨우내 소들 먹일 짚 쌓여있거나
호미나 삽 괭이가 걸려있거나
숨바꼭질할 수 있는 처마

빗물 하나 고일 데 없고
마음 하나 스밀 데 없는 회색빛 건물 아래
비바람 튕겨 나간다

비 그을 데 없는 아파트 홀딱 비를 맞는다

군대를 간다

버들강아지 흔들흔들 실려간다
솜털 보송보송한 얼굴 내밀고
이리 휘청 저리 휘청 언제 잎 틔우려나
새끼줄 팽팽하게 당겨 매 숨 막히지 않으려나
잔뿌리 다 내놓고 춥지는 않으려나
봄이 오면 버들피리 소리 낼 수 있으려나

덜컹덜컹 아들이 실려간다
머리 빡빡 밀고 순한 눈 껌벅이며
철모 쓰면 머리카락 언제 자라려나
친친 군복 입으면 언제 몸이 커지려나
군화 철컥 신으면 어디까지 갈 수 있으려나
봄이 오면 웃을 수 있으려나

마지막 휴게소
겨우 떡라면 한 젓가락 먹다 수저 놓는다

진눈깨비

자전거방 멀쩡한 영감 눈 치우다 뒤로 넘어져 말 한마디 못하고 그만 눈을 감았지 뭐냐 그 영감이 나하고 동갑인디 욱이가 사 학년 땐가 왜 자전거 고친 값 가져오라며 하도 다그쳐서 맴 약한 아가 말도 없이 돼지 저금통 뜯어다가 갖다 주고 온 거 기억하냐 그 영감 말이다 에미 네가 아를 매몰차게 다그치고 했었잖냐 왜 영감 눈이 침침해 외상으로 자전거 빵구 떼운 놈이 우리 욱이라 착각했던 게지 그 여려 터진 것이 을매나 졸렸으면 떼우지도 않은 빵구 값을 가져다 줬을까나 근데 언제 이리 커서 군에를 간다냐 그때 나도 하도 속이 상해 실무시 자전거방 주인을 찾아갔지 아 애비가 일부러라도 할부지 막걸리 한 병 받아드릴 수도 있는데 그 요량하라며 돈 삼천 원 주어 보냈다 둘러대었지 아이구 이를 어쩌냐며 그 돈에 막걸리까지 거나하게 한잔 받아주더라 그날은 진눈깨비가 내려 땅이 그키나 질척거렸지

구잠(九潛)

버스에서 잠깐 졸았나 보다
깜짝 놀라 눈을 뜨니
가랑비 부슬부슬 내리고
제비는 땅을 향해 난다
여기가 어디지
스치는 이정표를 보니 구잠2리
잠 잠 잠을 구하는 구잠
그래 여기는 잠을 구하는 곳인가 보다
세 정거장을 지나며
어제 못잔 잠 달게 자고 나니
잠깐 사이
한 생을 산 것 같다

오십 년 전

내 스무 살에 예천 덕다리로 시집 갔지
시어머니는 마흔다섯이고 고만고만한 시동생 시누이 줄줄이 있었어
워낙 부잣집이라 삼베적삼 한 죽, 광목적삼 한 죽, 안동포적삼 한 죽, 버선 스무 죽 혼수로 해갔지
방에 앉아 마당으로 하루종일 던져도 못다 던지지
첫 아이 가지고 그 이듬해 신랑은 군에 갔어
북에서 김신조가 넘어왔다고 군대살이가 더 길었지
마음이 술렁거려 예천장에 가 파마를 하고 이십 리 길을 걸어서 왔는데 벌써 어둑어둑 해 저물었지
집에 들어서자마자 뭐가 머리 위에 쏟아지는데 정신이 아득하더라
시어머니 쌀 씻다 말고 내 머리에 부은 게야
얼떨결에 머리를 터는데 홰에 올라갔던 닭들 우르르 내려와 쌀을 쪼아먹더라
온몸 선득한 걸 보니 아마 고구마 캘 땐가 봐
신랑도 없는 껌껌한 방에서 끄억끄억 울었지
뱃속의 새끼도 끄억끄억 울었지

예천댁,
햇볕에 말려도 말려지지 않을 질척한 노래 꺼내놓는다

호야불

다저녁
도랑에 누런 황토물 넘치도록 소나기 내렸는데
자네실 논에 물꼬 보러 간 아버지
어둠 짙어져도 돌아오지 않자
열아홉 엄마 호야불 들고 마중 갔다

느티나무길 들어서자마자
어둠 속 갑자기 몇 개의 눈들 번쩍번쩍
엄마, 머리털 쭈빗 섰다는데
설상가상 호야불 꺼지고 말았다
그때 느티나무 어헛 어헛 헛기침
눈들 순식간에 사라졌다
그제사 스무 살 아버지
삽을 메고 어둠 속에서 걸어 나왔다

자꾸만 다리를 아래로 뻗치는 느티나무
당뇨에 혈압 관절염까지 여든이 다 된 엄마가
전동스쿠터 타고 자네실 밭에 간다

엄마와 느티나무
숨과 숨이 만나 또 하나의 길 만들어진다

호박떡

식탁 밑
먼지 뒤집어쓴 호박 한 덩이
부스럼 딱지 같은 상처 안고 봄까지 왔다

지난가을 농협 공판장
인물 좋은 호박 다 팔려가고
단돈 천 원 낙찰가 몸에 붙인 채
덩그라니 홀로 남아있었다
온몸에 상처 입고
애처롭게 잘도 익었다

제 몸 얼마나 쟁였으면
바람 한 자락 허락하지 않았을까
단내 하나 흘리지 않았을까

뽀송뽀송 분까지
고것, 참 맛나다

이미령

이사

콩고물처럼 쌓인 먼지를 털어내고 짐을 꾸린다

다리 절룩이는 식탁과 허리 부러진 의자가 섭섭한 눈빛을 건넨다

액자 속 긴 머리 소녀가 동굴 같은 세월 속으로 걸어 들어간다

퇴근길 남편 손에 들려있던 통닭이 훌쩍 키워놓은 아이들 앞세우고

간다, 물기어린 생(生)의 한 굽이 뒤돌아보지 않고

지천명 언덕 너머 여섯 번째 둥지 속으로

쉼표

물리치료실에
저마다 아픈 상처 끌어안고 누워있다
치익푹 치익푹
무표정한 기계가 숨을 불어넣는다
혹사 시킨 다리와 발바닥에
고온의 찜질을 붙이고 영혼을 누인다
잠보다 편안하다
육신은 아우성치는데
모른 채 돌아누워 딴청을 피운다
여기저기 안부전화를 여기 와서 하게 되다니
귀를 붙들고 다리를 뻗는
한나절

파꽃

흰 이를 드러내며 씨익 웃는 초등학교 동창생 영식이 오늘도 식당 문을 열고 들어선다 밤낮 흙발로 동분서주하면서도 막걸리 몇 잔으로 시름 풀고 낮에는 봉급생활 밤에는 농사일 새벽에는 별빛 버무린 손두부와 청국장을 빚어낸다 두 번이나 기울어진 가세로 다친 날개 아랑곳하지 않고 묵묵히 길을 가는 그에게선 파 냄새가 난다 새우잠을 잔다는 그의 꿈은 햇살이었나 울음 다 비워낸 걸음걸이가 환하다

시장순대 국밥집

풍물시장 귀퉁이
장날이면 모처럼 나오시는 시골 할배들 아지트다
제각각 다른 의자 옆엔 장 본 물건들이 즐비하다
낫, 갈쿠리, 햇고추, 동태, 장화…
주인장, 국밥 두 그릇에 막걸리 두 잔만 주소
새댁, 순대 이천 원어치에 소주 반병만 주소
재촉하지 마라는 주인 할매 호통에 노인들 헛기침을 한다
굴티재 너머 사는 팔용 영감이 간암 말기라는구만
인평 김 이장네 그 필리핀 며느리가 기어이 집을 나갔대여
시장 선거가 내년 몇 월이여?
열 평 남짓 좁은 공간에 이야기꽃물 붉으레 번진다
스물아홉에 홀로 된 국밥집 할매
딸 셋 키워내느라 눈물 섞인 국밥을 얼마나 말아냈던가
허리는 점점 호미처럼 구부러져 가지만
서방 같은 국밥솥을 쉬이 떠나지 못한다

상주 장날
서녘 하늘 노을이 국밥으로 뚝뚝 떨어진다

새집증후군

하루종일 코 점막을 공격하는 불쾌한 냄새 온몸에 푸릇푸릇 이름 모를 꽃이 피어난다 마이너스 도수 안경 너머 눈이 시리다 거실바닥이 출렁다리처럼 삐거덕삐거덕 소리를 낸다 거실 벽을 온통 차지한 텔레비전은 하이 TV 외쳐도 낯설고 어리숙한 주인의 말은 새겨듣지 않는다 고양이들이 활개 치는 불면의 환한 밤 희미한 별 하나 창문에 걸터앉아있다 어릴 적 골방 나무책상 다리 사이에서 꾸던 꿈 애써 좇아가 본다 초가집 뒤안길 달개비 무리가 푸른 웃음 머금고 밤을 지키고 있다

간지럽다

바람 앞에 두 팔 활짝 벌린 사과나무

주렁주렁 매달린 새빨간 젖가슴을

은빛 손가락 가을 햇살이

더듬고 있네

단내 지분대며 반지르르 윤기나도록

만져주고 있네

이순영

들통났네
각을 잡고
바빠서요
메뚜기가 뛴다
달빛에 노닐다
육 남매
시를 기다리며

들통났네

눈이 하얗게 덮고 있을 때는 몰랐지
저 거적대기 저리 검은 줄
논길 이리 질척거리는 줄을
이랑이랑 하얗게 이쁘기만 했지
잡풀 무너진 자리 수북한 개똥자리
고랑마다 그득하네

현란한 조명 아래서는 몰랐지
그 매혹적임이 화장발이었다는 것을
기미 주근깨 별자리를 이루고
처진 입술 심기 불편하네
자글자글 주름 속 세월 가로세로
더 이상 숨길 수 없네

각을 잡고

내가 없어도 모양새 더 나빠지지 않을
두 달 만의 모임에
나는 사나흘 전부터 준비한다
찌든 씽크대 빡빡 닦고
멸치조림 하나 더 해놓고
반찬마다 속 보이게 맑은 랩으로 싸고
삐뚤어진 전자레인지 똑바로 각 잡아놓고
행주질 한번 더 하고 현관 나서면서
가스 중간밸브 확인하고
신발 정돈하고
주유하면서 세차까지 하고
헉 헉 모임에 참석하면
그들의 생경한 표정이 왜
내 생활의 예의를 한방에 무시한다
그들 살림은 그냥 왔음에도 속성 예의 차린 나보다
더 예의 있을 터
나는 늘 바쁘고 길 떠날 때는 더 나부댄다

바빠서요

저녁답에
무단횡단하는 여인
급브레이크에 깜짝 놀라
가슴과 뱃살이 출렁입니다

짧은 파마머리에
엉덩이도 두리둥실
씨—익 무안한 잇몸이
그리 밉지 않습니다

아이들 밥해주랴 학원 보내랴
저리도 동당거리나 봅니다
흘깃, 요즘 안 바쁜 사람
어디 있냐네요

메뚜기가 튄다

새벽잠도 덜 깬 놈들 잡아
남편 친구들 술상에 올린 메뚜기
날개도 못 접고 숭숭거린다
몇 순배 잔이 돌고
부딪치는 소리 익어갈 무렵
날개도 떼지 않고 볶아놓았다 구시렁댄다
뭐라구요 그 손들은 뭐하시나
여러 시간 숨죽이며
시큰거리는 노안으로 섬세하게 포착해
짝짓기하는 놈들
애간장 쓰면서 잡은 거라고
날개 떼고 뒷다리 떼고
뭐 먹을 게 있나
그렇게는 못하지

입을 다문다

달빛에 노닐다

누렁이 앞장세운 밤 산책길
달빛에 젖은 찔레꽃에서
단술 삭히는 냄새가 난다

찰랑거리는 무논에
개구리들 목욕을 한다
다랑마다 달이 들어앉아
발가벗은 개구리들 씻긴다
간질간질
깔 깔 깔 깔
자지러진다

누렁이도 덩달아 컹 컹 컹
하얗게 씻겨지고
달은 밤이 이슥하도록 들판을 끼리고 돈다

육 남매

얼음알 같다
당장 성깔머리 한 바가지씩 쏟을 게 있는
작은언니 작은오빠 강단있다

여리고 용해빠져 좋기만 해야 하는
저 가슴 터져 사화산 되었다
큰언니 큰오빠

누님 누님 인정 흐르고
마음 씀씀이 깊은 바다 심층수 같은 동생은
검은 살결까지 엄마 빼다 꽂았다

어리석다 어리석어
안팎 잣대 길이가 다르다
쉰줄에 막막하다 갈지자 걸음걸이

시를 기다리며

느티나무 잔가지 사이로 바람이 인다
이런 날 뭔가 있지 싶지만
시린 바람 날숨 길다
사방 산으로 둘러싸여
하늘 아래 빼꼼히 동면 중이다

언제 오나
담 너머 목 빼고 기다렸는데
나 없을 때 잠시 다녀갔을까
감나무 꼭대기 까치 한 마리 울지 않았다

바람이 잦아든다
이제 거북하던 속도 잠잠해지고
겨우내 산 아래 얼어붙었던 마을도
우두둑 관절 꺾이는 소리로 일어선다

바람 갈기에 머리채 얼얼하도록 달리고 싶다

황구하

감기

꽃인 꽃 참답게 피었다

산을 오르다 터진 바위틈 햇살에 몸을 맡긴 채 꽃이 된 화사(花蛇)를 본다 꽃이어도 꽃을 좇아 꽃다발을 이루는 무리, 손에 든 붉은 꽃잎 삽시간에 척척 널브러지고, 꽃을 앓아 꽃이 되지 못한 여자는 시퍼렇게 운다

봄 언덕 빈집 한 채 아직도 덜컹덜컹 낡은 문짝이 있다 가파른 어지럼증이 있다 뿌리내리지 못하는 황사바람 너머 어둡고 축축한 방, 한 줌의 고요가 마당을 휘저으며 혓바닥을 날름거리고, 용을 써 도망쳐도 제자리 숨이 멎는다 손가락 하나 까딱할 수 없다

달뜬 몸 둥글게 말고 누운
잠과 잠 사이

참꽃 덤불 아스라이 걸려있다

매협묵집

아지랑이 들판 가로질러 사벌 간다

한때 말발굽소리 푸르렀던 길

늙은 아자개의 못다 이룬 꿈이

강물 되어 들길로 흘러들면

메밀묵밥 한 사발, 골패묵 한 접시, 막걸리 한 병

만 원이면 만사, 새 세상을 연다

해묵은 사랑 쑤어내고

과묵한 마음 무쳐내고

침묵한 세상 잘게 쳐서

펄럭이는 말갈기 바람을 부리며

세상 바깥으로 내달리는 동안

화란춘성 한 사발 3,500원

만화방창 한 접시 3,500원

강호연파 한 병 3,000원

무너지지 않는 왕조의 지극한 백성 같은

매화나무 가지 끝에 매달린 하늘

눈이 부신 춘삼월 매협 간다

도자기

도예공방 석운 선생, 흙빛 말갛게 깨어나는 새벽녘까지 술 들고 잠 한숨 들이지 못한 채 오전반 수업을 하시는데요 조막손으로 흙 조몰락거리던 한 녀석 슬며시 다가와 속삭이듯 선생님, 희한한 냄새가 나요 어, 허, 불콰한 얼굴 더 붉어져 어찌할 바 몰라 물레만 빙글빙글 돌리는데요 선생님한테 도자기냄새가 나요, 분청사기 박지연꽃 물고기무늬 네 귀 달린 항아리, 숨 고르며 깊어진 세월 당신 몸에 스며든 줄도 모르고, 온전히 온몸 꽃불 피운 줄도 모르고 그만 꾸벅 아이한테 절했다지요 고 어린 말씀 하나가 외딴집 불가마 활활 지폈는데요 세상 가장 낮은 몸으로 흙 한 타래 물 한 됫박 햇빛 한소끔 둥그렇게 모두어 자근자근 꼬박 미는 도자기 한 채, 흙으로와 비로소 몸을 얻은 물고기 한 마리 허공 바람 한 필지 읊고 있었습니다

수도

백담사 계곡 바위들 온몸에 나무 문신투성이입니다

엎어진 몽달나무, 살짝 엉덩이만 걸터앉은 처녀나무, 부러진 가지 새순 틔우는 총각나무, 딱 한번 발 뻗고 드러누운 과부나무, 세월을 출렁출렁 흘러가는 치매나무……

날마다 물소리가 새기는 마디마디 수만 가지 문장입니다

바위가 귀를 세우고 한자리에 죽은 듯 앉아있는 이유입니다

캄캄한 눈발에 미끄러진 어린 나뭇가지 또 둥둥 떠내려옵니다

봄 문장을 교정하다

한순간 꿈결처럼 피어오른
벚꽃 벚꽃
날개를 접고 가벼이 몸 터는데
벚꽃 벚꽃
빗물에 젖고 젖어 며칠째 몸살을 한다

떤다 떤다 달이 떤다
파르르 눈뜨는 벌과 나비
봄날을 매달고
뜬다 뜬다 여백으로 스며
달빛에 취해있을 때

붉은 펜 굴리며
한 장 한 장 넘기는 교정지에서
수만리 꽃길 절로 절로 빠져나가고
난분분 난분분 벚도 떠난다

꽃 그림자 물고 달빛 한 조각

책갈피로 읽는 밤
행간도 없이 미끄러져
한 몸을 이루는 붉은 화폭,

애당초 교정할 문장은 어디에도 없었다

포도꽃 핀다

오월 다 지나 포도꽃 핀다

바람이 엉근 그늘 흔들 때마다
찰랑이는 큰 잎사귀 쓰고
갓 태어나는 물방울 물방울

다랑논 닮은 초승달 손금처럼
새 핏줄 밀어 올리는 내력
오래오래 들여다본 적 있는가

강물소리 아득하고 하늘 머언 먼
각질의 낡은 몸

일순간 환하게 풀어내는 저 힘 아니면
한 생을 물큰하게 건너갈 수 있을까
한세상 또 달큰하게 돌아올 수 있을까

해와 달과 별과 구름의 육신을 잇댄 넌출들

허공 한껏 부풀려

연둣빛 물방울 챙챙 끌어올리고 있다

바위가 우는 법

한겨울 내내 어둠으로 꽉 찬 얼음창고

바위와 바위틈 사이 하얀 고드름 첩첩 매달려있다

사내의 적막 울음이 이런 거라면

진달래꽃 망울진 가지 하나 슬쩍 걸어둔 채

병풍산 바위 밑 언저리

응달 속에 평생 뿌리를 박아도 좋겠다

닦아도 닦아도 마르지 않는 오래된 눈물

지탱하다

나무둥치에 부리를 박고 잠을 자는 새가 있다지

꽃 다 떠나보낸 저 느티나무
또 한철 잠 못 이루겠다
햇빛과 구름과 저릿저릿
하루 치 양식 쪼다 잠든 고단한 노동 지탱하려면
바람소리마저 착착 발치 아래로 쟁여야 하지 않겠나

누대의 어둠이 지나고 또 한세월
세상 너머 다시없는 생 살아가자면
흘러간 것은 흘러간 것대로 두고
심장이 멎기 전 가쁜 숨 몰아세워
몇 겹의 그늘 기꺼이 펼쳐야 하지 않겠나

나무둥치에 어금니 꽉 물고 잠을 자는 시인이 있다지

2013 느티나무시 제10집

춤추는 수레

2013년 11월 15일 초판 1쇄 찍음
2013년 11월 20일 초판 1쇄 펴냄

지은이 _ 느티나무시
펴낸이 _ 양문규
펴낸곳 _ 詩와에세이

신고번호 _ 제319-2005-000014호
주소 _ (120-865) 서울시 서대문구 북아현동 1-495 2층
대표전화 _ (02)324-7653, 070-8877-7653
팩시밀리 _ 0505-116-7653
휴대전화 _ 010-5355-7565
전자우편 _ sie2005@naver.com
공 급 처 _ 한국출판협동조합
주문전화 _ (070)7119-1741~2
팩시밀리 _ (031)944-8234~6

ISBN 978-89-92470-88-9 03810

* 이 책은 2013년도 경상북도 문예진흥기금 지원을 받아 출간되었습니다.